여백 속에 핀 언어

배제형 시집

도서출판 실천

여백 속에 핀 언어

실천 서정시선 107

초판 1쇄 인쇄 | 2025년 9월 15일
초판 1쇄 발행 | 2025년 9월 20일

지 은 이 | 배제형
발 행 인 | 이어산
기획·제작 | 이어산
발 행 처 | 도서출판 실천
등 록 번 호 | 서울 종로 바00196호   등록일자 | 2018년 7월 13일
         | 진주 제2021-000009호 등록일자 | 2021년 3월 19일
서울사무실 | 서울특별시 종로구 율곡로 6길 36
           02)766-4580, 010-6687-4580
본사사무실 | 경남 진주시 동부로 169번길 12. 윙스타워지식산업센터 A동 705호
           055)763-2245, 010-3945-2245 팩스 055)762-0124
편집·인쇄 | 도서출판 실천
편 집 장 | 김성진

ISBN

값 12,000원

* 본 시집의 구성 및 맞춤법, 띄어쓰기는 저자의 의도에 따랐습니다.
* 이 책은 전부 또는 일부 내용을 재사용하려면 저작권자와 '도서출판 실천'의 동의를 받아야 합니다.
* 이 책의 국립중앙도서관 출판예정도서목록(CIP)은 서지정보유통지원시스템(http://seoji.nl.go.kr)과 국가자료종합목록시스템(http://www.nl.go.kr/kolisnet)에서 이용하실 수 있습니다.
* 잘못된 책은 교환해드립니다.
* 본 도서는 경남문화예술진흥원의 일부 지원을 받아 발간했습니다.

여백 속에 핀 언어

배제형 시집

■ 시인의 말

여백은
내 마음의 언어이었습니다.

고단한 길 위에서
흘린 침묵이 씨앗이 되어,
밤의 숨결과 바람의 그림자 속에
언어가 꽃처럼 피었습니다.

이 조용한 피움이
당신 가슴에도 스며들기를.

                          2025. 여백의 꽃 앞에서
                          숙호산방에서 배제형

■ 차례

1부
부서진 새벽

달빛연습	12
머물다 간 시간	13
자아 잃어버린 자리	14
바람의 그림자	15
어둠을 두른 흔적	16
비가 밝고 지나 간 마음들	17
등 뒤의 어둠들	18
그림자 속의 숨결	19
낙엽으로 흘러간 이름	20
황혼의 뼈	21
부서진 새벽	22
숨은 방	23
밤의 맥박	24
바람 속 흔적	25
붉게 익는 그림자	26
미명의 속삭임	27
나목의 시간	28
회상	29
봄을 우려내다	30

2부
피어 있는 물음표

숙호산에 저무는 계절	32
누구도 읽지 않는 구절	34
피어 있는 물음표	36
걷고 싶은 마음	38
묵은 바람 아래	40
여백 속에 핀 언어	42
시간에 남긴 문장	44
여백에 붓을 들고	45
잊혀진 이름 위에 고백	46
물을 기억하는 밤	48
초여름 언어의 발아	50
다시 피어나는 이름들	52
은빛 침묵의 노래	54
가을빛에 번진 언어	55
연가	56
얼룩진 발길의 말	58
붓끝에 눌러 앉은 고요	60
비	62
붉은 마음 하나	64

3부
가라앉은 말들

벽	66
계절의 퍼즐	68
세월을 품은 그늘	70
잠든 나목의 꿈결	72
먼 여백에 심은 이름	74
몸속에 박힌 조각들	76
초승달이 물든 기억	78
꽃으로 본 그리움	80
가라 앉은 말들	81
빗방울 하나 서 있다가	82
끊어진 자리, 남은 울음	84
조용히 당신 안에	86
구겨진 천원 속의 하루	88
귀뚤이의 낡은 독백	90
귓가에 앉은 당신	92
그대는 먼 신기루	94
그림자 너머 당신	96
노을에 묻힌 저녁	97
부끄럽게 살아 있다는 것	98

4부
꽃이 말을 걸어올 때

금낭화	100
기다림은 꽃으로 피어나다	102
기억의 언저리	104
작은 별 하나 너에게로	106
재선충	108
파도 위에 쓴 자서전	110
해운대 동백섬	112
허공에서 피어난 시	114
퇴색된 꽃잎의 언어	116
언어의 파편	118
그믐에 사라진 꿈들	120
꽃은 혼자말로 핀다	122
꽃잎, 시어로 날다	124
꿈틀거리는 오래된 기억	126
꽃이 언어가 되어	127
남은 향기 당신께	128
노래 자랑	130
빛의 모서리	132
눈 속에 숨은 노란 마음	134
편집 후기	136

1부

부서진 새벽

달빛 연습

달빛 위에 글자를 띄워본다
한 글자, 한 글자
하루의 숨결을 담아
마음의 호수에 떨어뜨린다

별들의 속삭임
조용한 파문처럼 퍼지고,
잊힌 나의 그림자
달빛에 반짝이며
스스로를 다시 부른다

달빛은 단순한 빛이 아니라
마음의 등불,
기억의 거울이 되어
조용히 나를 비춘다

머물다 간 시간

머물다 간 시간들은
바람결 속에서 속삭이며 사라진다
그러나 내 마음의 여백에는
그들의 그림자가
조용히 머물러,
숨결과 함께 살아간다

시간은 단순히 흐르는 것이 아니라
내 안에서 춤추는 그림자,
잊혀진 이야기들을
조용히 풀어내는 손길이다

자아 잃어버린 자리

욕망이라는 강을 따라 오래 떠내려왔습니다 풍요라는 이름으로 나를 둘러싼 것들이 많아질수록, 나는 점점 나를 잃어갔습니다 사랑은 무뎌지고, 자비에 둔감해진 마음은 점점 돌처럼 굳어갔습니다 어느새 나는 거짓의 옷을 입고, 그게 거짓인지조차 알지 못하는 사람으로 서 있었습니다 낮고 천한 곳에 계신 주님의 눈길은 나를 향하고 있었지만, 나는 끝내 그 시선을 외면하고 있었습니다 말씀의 거울 앞에 서서야 비로소 내 얼굴을 봅니다 허물투성이의 모습, 숨기려 했던 죄의 주름들, 덧칠했던 거짓된 표정들. 주님, 이토록 죄스러운 나는 이제 어디로 가야 합니까 남은 것은 회개뿐, 무릎 꿇고 고백할 뿐. 오늘도 나는 찢어진 마음 안고 당신 앞에 서 있습니다

바람의 그림자

바람이 지나간 자리
보이지 않는 흔적이 남는다
그 흔적은 마치
누군가 남긴 작은 비밀처럼
나뭇잎 사이로 스며든다

내 마음의 그림자도
그 바람에 실려 흔들리며,
숨죽인 언어 하나
속삭이며 지나간다

바람과 그림자,
흔적 없는 발자국들이
조용히 나를 따라와
내 안의 빈 공간을 채운다

어둠을 두른 흔적

어디선가 노크 소리가 들렸다
그 소리는 마음속 잊힌 방의 문을 두드린다

깊이 박힌 심장 속,
물렁해진 맥박이 팔딱이며,
흐물흐물해진 하루가
삐걱거리는 허리를 스치듯 만진다

몸의 절반은 외로움이 되어
둥둥 떠다니는 낯익은 흔적이
붉게 익어,
밤의 어둠 속에서 서서히 그림자가 된다

귀속에 먹먹한 저녁은
파랗게 멍이 들어
내 안의 바람을 잠식하고,
등에서 부화한 어둠은

낯선 걸음을 끌며
길 없는 길 위로 나를 인도한다

비가 밟고 지나 간 마음들

머리를
조용히 밟고 지나가는 비
툭, 건드려
묵은 소리를 토해낸다

메마른 땅에
사라지는 빗방울 하나
손끝에 묻어나는
고달픈 삶의 자국

잠들었던 이웃은
기척에 깨어
돌아누운 새벽의 숨결

그리움이 가려진
안부 없는 세상
고요함이
출렁인다

등 뒤의 어둠

등 뒤로 기어오는 어둠이
허리를 휘감는다

삐끗한 하루의 흔적이
살아 있는 뼈마디를 스치며,
내 마음속 붉은 그림자를
조용히 흔든다

어둠은 날 무겁게 하지만
그 속에서
조용한 걸음을 배운다

그림자 속의 숨결

밤의 틈 사이로
숨죽인 그림자가 스며든다

몸의 결마다 쌓인 고요가
조용히 울고,
외로움은 내 안에서
둥둥 떠다니며
심장 속 맥박과 섞인다

그림자는 말하지 않고
그러나 모든 흔적을 기억한다

낙엽으로 흘러간 이름

세상 등지고 앉은 당신,
그 고요는
단 한 번도 마음을 가진 적 없지

멍들어 얼룩진 가지 끝에서
떨어지는 숨,
탄식은 메아리로만 되돌아오다

바람에 시달리는 흔적들
낮의 옷자락을 붙잡고
강물 위에서 춤을 추고

낙엽은 강에 몸을 던지고,
잊힌 이름들은
허무의 물결 속에 사라지다

감각을 잃은 소리,
시공의 골짜기에서 허우적이며
끝내 부르지 못한
그대 이름 하나 흘려보낸다

황혼의 뼈

몸에 깃든 황혼
뼈마디 사이로 스며든다

사람의 흔적,
살아 있는 기억들
어둠 속에서 두꺼워지며
숨결마다 무게를 남긴다

그 무게 위에서
조용히 시간을 배운다

부서진 새벽

새벽이 부서진 채로
창문 틈 사이로 흘러든다

흔적들은 나를 떠나지 않고
몸속 구석구석
낯선 그림자를 남기며,
바람은 조용히 마음을 흔든다

그 흔적 속에서
숨을 고르며,
어둠을 두른 채 하루를 맞이한다

숨은 방

마음 한 구석, 문이 닫힌 방이 있다
잊힌 기억과 조용한 숨결이
벽 사이를 떠돌며 스스로 부른다

열 수 없는 문틈 사이로
빛 한 줄기 스며들고,
그 빛 속에서
조용히 나를 마주한다

밤의 맥박

깊은 밤, 심장이 홀로 뛰고
몸의 절반이 잠에 잠긴다

맥박은 바람과 섞이고,
깊은 어둠 속에
숨겨진 목소리가
팔딱이며 내 안을 흔든다

밤은 그리하여
내 안의 모든 흔적을
조용히 비추는 등불이 된다

바람 속 흔적

바람이 지나간 자리,
떠도는 기억들이 흔적처럼 남는다

몸과 마음을 스치는
살짝 떨린 공기,
조용히 흔들리는 나뭇잎처럼
마음속 외로움도 흩어진다

흔적은 부채질하고
바람 속에서 조용히 나를 따라온다

붉게 익는 그림자

붉게 익어가는 그림자가
시간의 틈새에 스며든다

외로움과 기억,
삶의 흔적들이
몸속에서
조용히 서로 닮아간다

그 그림자 따라
걸으며 마음속에 어둠을 느낀다

미명의 속삭임

새벽 아직 깨어나지 않은 시간,
속삭임만 남은 침묵이 흐른다

지난 밤의 흔적과
붉게 물든 기억들이
내 안에서 조용히 호흡한다

미명 속 여백은
말 없는 이야기들을
나에게 건네며,
그것을 조용히 받아들인다

나목의 시간

바람 가는 방향과
시간 흐르는 길목마저
놓치고 말았다

돌아갈 수 없는 둥지 앞에서
보름달을 물어뜯고 싶을 때
낮달을 바라보며
슬픔을 삼키기로 했다

이쪽저쪽 둘러봐도
생과 병을 움켜쥔 나목들만
서성이고 있다

먼 여정 끝 흙으로 돌아갈
사람들, 어둠이 밀려오면
흙냄새로 서로를 기억하리라

한 해가 지나고 나면
새로운 삶을
감히 마주할 수 있을까

회상

바람과 낯선 햇살이
향기를 한 장씩 꺼내고 있다

내가 보는 장미는 한 잎
두 잎 진한 입맞춤으로
붉어지고 있다

기울어져 가는 오후
붉어지는 장미는 해가
있는 쪽으로 향해 눈을 잠그고

붉은 허공에
생명이라고 쓰고 있다

얼룩을 남긴 향기
사랑이라고 건드리지 말았으면

봄을 우려내다

견딜 수 없는 햇살 속에
말없이 남녘으로 스며드는 바람

하얀 웃음 머금은 꽃잎
계집아이처럼 수줍게 피어난다

햇살에 설핏 눈웃음 건네며
이른 봄, 몸 펴는 소리에
마음이 일렁인다

그 자태 성숙해질 즈음
가장 깊은 방에 들여
달곰하게 우려낸 봄 향기

너도 한 잔, 나도 한 잔
따뜻한 봄 기운 벌떡 일어선다

2부

피어 있는 물음표

숙호산에 저무는 계절

숙호산 너머로 해가 비틀거리며 내려앉는다
하루 종일 쏟아지던 햇살도 이제는 힘이 빠져
저녁의 경계선 어딘가에서 기울고 있다

귀뚤리, 앞산을 향해 몸을 틀고
작은 몸으로 가을의 시작을 예고한다
여름 한 묶음, 마치 오래된 빨랫줄에서
말리지 못한 채 축 처진 햇빛처럼
두 손에 안아 발밑에
조용히 내려놓는다

생의 몇 바퀴만 더 돌고 나면
가을은 어느새 가부좌 틀고 앉아
저만의 호흡으로 진양조 한 소절을 풀어놓을
것이다
그 무렵 귀뚤리들의 연주회는
이 골짜기를 가만히 흔들겠지

여름의 끝자락에서
모기는 입이 비뚤어지고
남아 있는 그리움도 제 목소리를 잃어간다

숙호산의 짙은 녹음도

하나둘 저물어 가고
농부의 손등에 핀 검버섯은
더 이상 낯설지 않다
그 오래된 반점들이 다정하게 말을 건네는 것
힘든 줄도 모르고
농부는 오늘도 숨 고르기를 한다

지나가던 바람은
마음 한구석에 남은 불볕더위를
잃어버린 지우개로 지운 건지
시간이 스스로 덮어버린 건지
잘 모른다

내 마음속에 작은 불을 지펴
그 모든 더위를
한 번쯤 다 태워버린 건 아닐까 하고

그런 생각이 들 때마다
귀 가까이에서
무언가 오래된 소곤거림이
천천히, 그러나 분명하게
나를 흔들고 간다

누구도 읽지 않는 구절

흔들리는 문장들
허공 속에 초점 잃은지
오래된 낱말이 걸어 온다

어둑한 글자들은
자리 잡지 못한 채
방랑자의 발걸음처럼
세상 틈새를 뒤흔든다

신문지 구석에 앉은
낯선 모습은
늦게 피어난 풋내기
그림자처럼 서성인다

뒤틀린 문자들은
누군가의 믿음 끝에
한 번쯤은

제대로 매달릴 수 있을까

어둠 속 활자 사이로
부서지는 말들이
소리 없는 절망을
속삭이고 있다

아름다운 세상 어딘가
밝은 문장 하나가
내 손끝에 닿을 날을

그 기다림마저
때때로 문장처럼 흔들린다

피어 있는 물음표

봄이 먼저 와
햇살을 걷어 들이며
묵묵히 기다리고 있었다

실바람 건너
먼 그림자 하나 들려오고
검게 그을린 영혼의 등짝을
조용히 일으켜 세운다

고요하게, 따스하게
한 줌 말 한마디로 다가오는 그 사람
그 침묵 속엔
눈물보다 깊은 자비가 묻어 있었다

저기, 태양을 보라
새벽이 밀어 올린 불덩이 아래
다소곳이 앉은 그대

꿈들을 차례로 줄 세우는
선구자처럼 숨을 골랐다

고개 숙인 임 앞에
목마른 가슴을
한 사발 물처럼 껴안고
가만히 자비를 구해본다

금낭화 피는 봄날
이 계절의 한복판에서
또 하나의 물음표가
생각도 없이, 피어 있다

걷고 싶은 마음

아무도 지나지 않은
새벽길을 걷는다
이른 바람이
어깨 위에 앉아
묵은 한숨 하나씩 벗겨낸다

오래된 나무들은
내 발자국에 귀를 기울이고
가끔은
갈라진 돌 틈에
말 못 할 사연이 널려 있다

누군가의 마음을
밟고 지나온 건 아닐까
스스로 묻다가
또다시 걸음을 옮긴다

이 길은
누군가 돌아서 울고 간 길
누군가는 첫사랑을 접고
모르는 집 문 앞까지

쓸쓸히 걸어간 길

바람결 따라
이름 없는 들꽃 하나 흔들리면
그 떨림조차
마음속 허기진 풍경을
따스히 흔든다

길은 항상 앞을 향하지만
늘 뒤를 돌아본다
아직 지워지지 않은 발자국
남기고 싶지 않은 말들이
어디쯤 서성이고 있다

끝날 듯 끝나지 않는 길
하루가 다 저문 후에도
내 그림자만
천천히, 묵묵히
나를 따라 걷는다

묵은 바람 아래

숨죽인 채 앉아 있는
감나무 가지마다
묵은 바람이 내려와
고요히 등을 문지른다

떨어진 잎은 말이 없고
남은 것은 발자국 몇
날이 선 기침소리만
골목 끝을 두드린다

구겨진 시간들
창틈에 눕고
마르지 못한 말 한마디
바람 틈새에 걸려 운다

기억은
이토록 낡아야 비로소

몸에 붙는 것

바람 아래
조금씩 주름으로 얼룩져
이 겨울을 통과하고 있다

여백 속에 핀 언어

흔들리는 언어들이
말 없는 눈동자에 떠 있는 여백

초점 잃은 시선 사이로
헛디딘 언어들이 흘러가고

어둔 글자들은
제 자리를 찾지 못한 채
여백 속에 떠도는 방랑자가 된다

한 조각 노을 속에
늠름한 얼굴 하나
풋내기처럼 웅크려 있다

뒤틀린 언어들은
믿음의 끝에 매달리며
흔들린다, 무게 없는 소리로

이 아름다운 세상
밝은 문장 하나
언제쯤 손끝에 만져질까

시간에게 남긴 문장

남은 달력 넘기다
습관처럼 동그라미 친 약속
미완의 작품으로 남기고

어두운 고요, 불투명한 기억 속
너를 다시 생각에 넣어 그려본다

세상에 남기고 간 흔적은
그리움일까, 아름다움일까

질긴 인연, 다시 만난다면
낯선 빛깔로 흘러가는 그 표정일까

한평생 그려온 삶
새해에도 또 술래잡기처럼
웃음과 눈물 사이
하루가 마냥 밀려가리라

여백에 붓을 들고

허공에 가득 찬
꽃을 보거든
안부부터 물어보자

고요가 말을 걸기 시작하고
여백에 붓을 놀리듯
무슨 꽃이든
꺾지 말고
그대로 바라보자

꽃잎 지는 소리에
말없이
넋을 놓고
침묵도 그 자리에 놓아두자

찝쩍대다
제풀에 물러나는
바보 같은 시인

이름 뒤에 부끄러움이 따라와
굽은 등을 햇살에
살며시 기대어본다

잊혀진 이름 위에 고백

누군가 내 이름을 불러주기를
바랐지만 그 여인의 손끝은
차갑게 접혀 있었다

몇 번이고
그 손을 잡아보려 애썼지만
어찌할 수 없는 거리,
이루어지지 않는 몇 걸음의 끝에서
그저 멈춰설 수밖에 없었다

구겨진 마음은
서서히 어둠의 언저리로
변해 간다

안타까움은
저문 하늘 아래
어스름처럼 내려앉고

무딘 혓바닥은

몇 번이고 깨어진다
말하려다 삼킨 언어들
부서진 발음,
끝끝내 닿지 못한 고백들

마침내 피어나는 그림자
밤의 속살을 밀어내고
먼동 어렴풋이 아침이 열린다

그대가 머물러주지 않았던
그 자리에서 이별의 여백에서
머물고 만다

어떤 이름도 부르지 않은 채
이별도 끝내 말하지 않은 채
그렇게 또 하루가
조용히
무너진다

물을 기억하는 밤

마음의 가난이
주름 따라 깊어가던 그 긴 밤,
어둠은 무겁게 내려앉았지만
속 깊은 어딘가에 조용한 숨결이 깨어난다

무너진 어둠 위를 다독이며,
밤의 균열 사이로 스며드는 빛처럼
낮은 조심스레 숨을 쉬기 시작했고,
꿈틀대는 생명의 기척을 품었다

삶 속에서 흔들리는 수많은 꿈들,
불안한 파도 속 가장 깊은 곳을
가만히 보듬어 주는 당신의 손길,
그 온기는 차가운 세상에 닿은 따스함이다

지난날 마른 갈증에 목을 축이고자
흘러가던 시간 속,

당신은 침묵 속에서도 조용히 물을 건넸고,
작은 물방울이 내 안에 폭풍을 잠재웠다

속내를 감춘 채,
깊은 밤처럼 어둡고도 고요한 마음을 안고,
인연의 끈을 한 올 한 올 이어가는 꿈,
꿈은 아직도 나를 숨 쉬게 한다

초여름 언어의 발아

잡념이 자라고 있었다
몸 구석구석을 더듬으며 번식하던 무수한 생각들
버텨온 시간 속에서 종종 숨이 막혔고,
그러다 어느 날, 문득
피가 돌기 시작하는 것을 느꼈다

초여름 뙤약볕 아래,
흩어졌던 언어들이
저만치서 손을 흔들었다
텅 빈 마당처럼
무심히 방치되었던 문장들이
조금씩 싹을 틔우는 것을 보았다

마음 한 페이지를 넘길 때마다
스스로 얼마나 둔감하고 고집스러웠는지 깨달았다
벽창호 같은 내 안의 벽들,

그 벽에 가만히 귀를 대보면
어디선가 귀똘이음표 같은
작고 낮은 노래가 들렸다

그들은 이미 오래전부터
이렇게 소리 내어 살아가고 있었던 것이다

그제야 알았다
사는 동안
허공을 가르며 울려 퍼지는
이 조용한 생의 리듬을
그저 흘려보내기만 했다는 걸

이제야 조금씩
귀 기울일 수 있을 것 같다
내 안에서, 초여름 언어들이
서서히
발아하고 있다

다시 피어나는 이름들

붉은 꿈자리에
눈물 한 줄기 조용히 내린다
어느새 뺨 위로 식은 감정 하나
방울처럼 떨어진다

가지마다
까만 바람을 얼싸안고
나무도 함께 훌쩍이는 듯
잎을 잃은 슬픔을
조용히 어깨에 얹는다

달력엔
마지막 붉은 점 하나
겨우 붙잡은 하루가
떨리는 발걸음으로
내년 쪽으로 미끄러진다

바람을 끌어안은
가지 끝의 숨소리가
흩어지고, 사라지고, 다시 모인다
그 작은 떨림으로
세상은 천천히 새로 짜이고 있다

묵은 주름살, 설금설금
달력 귀퉁이에서 흘러나와
기억의 강물처럼
가슴팍을 적시고

고요한
붉은 꿈은 다시금
잠에서 천천히 깨어난다

그것은 끝이 아닌,
가만히 되살아나는 시작이다

은빛 침묵의 노래

당신 앞에서
한없이 흔들리고 싶습니다

당신이 흔들어 준
애달픈 사랑의 장면들을
천천히 써 내려가며

알 수 없는
임의 노래를 따라 부르고
조용히 그 곁에 서 있기를

은빛 침묵 아래
하나뿐인 당신을 향한
눈부신 고요 속에서

갈바람처럼 흔들리는
내 마음,
당신 곁에 머물고 있습니다

가을빛에 번진 언어

그리워지는 석양은
허전한 마음 빈칸에 서성이고 있다

헝클어진 마음
매듭 풀지 못한
사랑은 소용이 없고

그리워할 수 없는
세월을 읽을 수 없듯이

허공에 떠도는
어제 들은 노래
사랑을 되새김질한다

그녀의 밝은 표정
가을빛에 번지고 있다

*박경리 묘소에서

연가

고향 마을을 떠올리면
먼저 생각나는 건
감꽃 목걸이 걸어 주던
한나절의 햇살

두 손 가득 꽃잎을 받아
네 목에 조심스레 걸어주고
우리는 마냥 웃기만 했지

창밖에 홀로 선
누구 하나 거들떠보지 않는
저 오래된 감나무

무심히 흔들리는
가지 끝 노란 꽃잎들을 보다가
소꿉친구들 추억이 절름걸린다

바람에 흩어진

조각 무늬 같은 기억들
모진 시간 아래 눌려 있던
유년의 사연들이
서서히 몸을 일으킨다

골목 끝까지 달리던 오후
맑은 웃음, 흙먼지,
서투른 고백 같은 것들이
조붓하게 층층이 쌓여 있다

감꽃 필 적마다
잊은 줄만 알았던
가슴속 이름 석 자를
다시 꺼내어 만지작거린다

올해도, 내년에도
그 이름은 어쩌면
감꽃 향과 함께
다시 피어날 것이다

얼룩진 발길의 말

가시 돋친 햇살 사이로
그림자 밟으며 함께 걸었던 시간,
말없이 흐르던 하루가
슬그머니 발등을 스친다

잠시 머물다 떠난
옹이 진 발길,
시간 위에 얼룩처럼 남아
묵묵히 잠재운 일상의 조각들

하루의 무게가 어깨를 짓눌러
몸놀림은 굼뜨고
제대로 돌보지 못한 나날은
잎맥처럼 마음을 건조하게 만든다

가슴속 깊이
토막난 언어들이 부유하며

때로는 푸념이 되고
때로는 말 없는 질문이 된다

그래도 우리는
하얀 기억 하나 따라가며
묵은 생각의 껍질을 벗고
삶에 작디작은 깨달음 하나를 얻는다

눈으로 세상을 바라보며
희망을 품은 그 사람
또 하루를 천천히 걸어 나간다

붓끝에 눌러 앉은 고요

화선지 위로
묵은 바람이 스며들고
구불구불한 선 하나,
늙은 숨결처럼 번진다

창밖의 바람은 말을 접은 지 오래
빛도, 소리도
이 화실을 피해간다

가난은 벗처럼 익숙하고
고요는 의자처럼 곁에 있다

붓끝에 눌러 앉은 시간은
천천히
여백의 속살을 건드린다

구름 한 점

절룩이며 지나가고
다만,
흔들리는 손으로
무언가를 그리지 않기 위해
그린다

비

머리를 밟고 지나가는
한 줄기 빗물,
툭
건드려 오랫동안
입 밖으로 꺼내지 못했던 소리를
토해낸다

텃밭처럼 메마른 땅 위에
천천히 스며드는 빗방울들
숨겨둔 사연처럼
손끝마다 고달픈 삶이
조용히 번져간다

잠들었던 이웃의 창이
젖은 마음 들려 오는 말한 겹, 한 겹
씻어 내리고 있다.

오랜 시간
고요는 다시 출렁이고
비는 묻어둔 이름을
하나씩 불러낸다

붉은 마음 하나

아름답게 피워낸
그리움 하나
영혼의 고운 얼굴이 됩니다

살며시 다가오는
설렘 하나
붉은 마음에 사랑을 담아
당신에게 건넵니다

상큼한 향기 품은
선홍빛의 삶
그 안에 봄처럼
피어나고 싶습니다

비록 짧은 생이라도
깊은 사랑이 넘친다면
당신 안에 조용히
잠들고 싶습니다

3부

가라 앉은 말들

벽

언제까지 바라보아야
거울처럼 투명해질까

내 안을 가두는 이 벽,
아집과 자만의 그림자를
끝내 비춰내는 날이 올까

네 앞에서
나는 더 깊은 침묵이 되고,
너는 닫힌 문의 그림자가 된다

벽은 말 없이 서 있으나
사람의 마음보다 더 두껍고
침묵보다 더 무겁다

그 앞에서
끝내 스스로를 비추어 본다

가벼운 마음 자리에
그대가 시인이 아니어도
초라한 자리에서 벽이 되는,

사람을 찾아가 보자

벽이 되는 그대
다시 살아보면 어떨까

계절의 퍼즐

여인의 뜨겁던 목소리,
잠들지 못하는 여름밤
몸 깊은 곳까지 흘러들었다

계절은 어느새
퍼즐처럼 흩어지고
조각난 여름의 열기들이
내 살결 위에서
인사를 했다

목소리에서 만져지는
그 뜨거운 울림,
밤공기마저 숨죽일 만큼
요란하게 번져갔다

삼베 이불 한 폭
달아오른 자리마다

밤의 열기 스며들고
그 끝에서
누군가 흐느낌처럼
조용히 스쳐갔다

광란 뒤의 고요
잠시 머물다
계절의 답장이
올 것만 같아
한 조각의 밤을
붙들고 앉아 있다

세월을 품은 그늘

몸살 나듯 흔들리는
허둥대는 하루들
안개 낀 세상 속
저마다 길 잃은 발자국들

소나무는
말없이 그 모든 것을 품는다
초록빛 마음으로
욕심 접어두고
슬픔도, 넋두리도
하나하나 안아 가슴속에 묻는다

햇살이 비켜가는 시간에도
바람 한 줄기 머물다 가는 저녁에도
그늘 아래 작은 쉼이 되고
머리 숙인 자들의 숨소리까지
가만히 들어준다

청량한 잎새 끝에

솔방울 몇 개
누군가의 오래된 기다림처럼
가지에 걸려 있다

세월은 그 위로
천천히 먼지를 얹고
계절마다 빛과 어둠을 번갈아 적시지만

소나무는 변함없이 서 있다
뿌리는 땅속 깊이
잊혀진 말들을 잡아당기고
줄기마다
속울음처럼 진한 푸름을 키운다

누군가의 외로움
누군가의 후회도
돌아올 줄 모르는 시간의 이름

그늘 아래
다시 숨 쉬기 시작한다

잠든 나목의 꿈결

잠든 하얀 적막 속에
조용히 매몰되어
긴 꿈을 꾸고 있다

벌거벗은 겨울
아무것도 걸치지 않은 채
온몸으로 바람을 견디며
숨죽여 기다리는 시간

나목 아직 피지 못한
한 점 봄빛을
가슴 깊이 묻어 두고
묵묵히 그 순간을 기다린다

얼어붙은 가지 끝
작은 숨결 하나
미동조차 없이

잠든 꿈결 위로

서서히

생명이 살아나고 있다

먼 여백에 심은 이름

그리워하는 마음
창밖으로 불어오는
바람이 허공을 찌른다

함께 있지 않아도
늘 곁에 머무는 마음이라
빈 여백에 그대를 조용히 그려봅니다

당신 마음 어딘가
내가 있음을
조심스레 믿으며

마음의 일부를
당신 마음속에
살며시 내려놓으려 합니다

아무 말도 없이

아무 약속도 없이
다만 그리워하는 마음
먼 여백에
당신의 이름 하나
깊이 심어둡니다

몸속에 박힌 밤의 조각들

동공 속에 비친 익명의 파편,
말끝마다 부서져 나와
어디에도 닿지 못하고
공기 중에 흩어진다

부딪쳐 흩어지는 자국들,
말보다 빠른 속도로
몸의 울음이 되어 휘감고 돈다

바람이 한 겹, 또 한 겹
조여 오는 소리로 변해
몇 밤을 깎이고 타올라
검게 그을린 피부처럼
몸 밖으로 밀려난다

부러진 밤길을 절며
휘청이는 내 걸음,

뒤따라오는 건
바람의 잔상,
몸에 남은 상처의 흔적들

함부로 보낸 시간들이
이제 와 울음으로 되살아나
몸속 어딘가에서
끊어진 근육처럼 쥐어뜯긴다

어두운 골목 귀퉁이마다
내가 버린 숨소리들,
터진 곳에서 피어나
바람 끝에 실려가고

고장 난 몸 하나로
오늘도 그 상처의 지도를 따라
끝없이 걷는다

초승달이 물든 기억

시들어진 하루를
조용히 접어두고
두 눈을 눕혀
잠을 부르려던 밤

문득
초승달 하나
눈썹 사이로 비집고 들어와
생긋이 웃는 여인의 얼굴에
은빛 색을 덧입힌다

가슴 깊이 차오르는 당신은
언제나 말이 없다
가끔 떠오르는 것만
쓸 수 있고
그릴 수 있을 뿐

너무 보고 싶어서
또 그리고
또 쓰고 있는
이 밤의 기억들

초승달 아래
그 이름만
조용히 물들어간다

꽃으로 본 그리움

가슴속에 파고드는 바람
유령처럼 춤추는 자정

우수, 경칩 고개 너머
동백이 피어,
꿈속을 헤매는 그대를 기다린다

그 밤엔 바람도 잠들고
언덕배기엔 그대를 앉혀
백 년을 하루같이 살고지고

내게 퍼붓던 미소 톡톡톡
사라져간 마음의 잔향

동백꽃 피고 지는 숨소리
긴긴 세월 고된 여정 끝,
서리 내려 앉은 마음의 어두운 곳

작은 불 하나 밝히며
그 인연, 아름답게 살아가리다

가라 앉은 말들

고장 난 마음 아픈 시간
흐르고 지나가면 먼 기억 저편
바다가 보인다

꿈틀거리는 물결 검은 기억
잠을 재운 해풍 물 속에 잠겨
생각이 고개를 내민다

입가에 붙어 남았던 이야기
파도에 엉키고 기억은 물 속에서
허우적거린다

가슴속에 넘어가지 못한
비린내 쌓여 간 시간
바다 속으로 사리지다

빗방울 하나 서 있다가

하늘을 오래 바라보다가
서서로 무게를 견디지 못한
순정의 몸, 투명한 심장

한 모금 맑은 물은
목마른 풀잎의 기도였고
잡초들의 기 싸움은
저마다 뿌리 깊은 생존의 법칙

빗방울 하나
서 있다가
또르르 굴러 떨어지는 순간
그것은 단순한 낙하가 아니라
천지 사이를 잇는 다리라고

햇살과 구름
사랑과 분노의 긴 전쟁 끝에
남겨진 눈물

그 속에 갇힌 무수한 하늘의 얼굴들

이름조차 주어지지 못한
어두운 세상 한 귀퉁이에 스며들며
사라지는 게 아니라
새롭게 숨 쉬는 길을 열고 있다

멋모르는 듯 보이지만
그 불가사의한 운명은
누군가의 목마름을 달래며
누군가의 상처를 씻으며
또다른 생명으로 번져가는
조용한 기적이다

끊어진 자리, 남은 울음

끊어진 혈연을
끝내 거절하지 못한
달빛, 서럽기만 하다

세상 인연 연연하다가
어설픈 인정마저
등 돌린 채

주인 잃은 슬픔 낡은 문턱에
가만히 눌러앉는다

생을 살아
만질 수 없는 시간 앞에서

조용히 영정 앞에 눈물 한 줄
세운다

이름 모를 흙 위에 저승의 삶을
옮겨간 그대

남은 자리에 남은 울음만
가만히 맴돈다

* 고, 향곡 박동원 선생님을 기리면서

조용히 당신 안에

아름답게 피워낸
그리움 하나가
영혼 깊숙이 닿아
당신 얼굴처럼
고운 형상을 만들어냅니다

살며시 다가오는
설렘 하나,
마치 이른 봄 햇살처럼
붉은 마음 속에 사랑을 머금고
가만히 당신께 건넵니다

상큼한 향기를 품은
선홍빛의 삶
짧지만 눈부신 그 색채 안에서
봄처럼 다시 태어나고 싶습니다

비록 짧은 생이라 하더라도
진심 어린 사랑이 가득했다면
당신 안에 조용히
꽃잎처럼 잠들고 싶습니다

마지막 숨결조차
당신의 미소에 스며
영원히 머물기를 바랍니다

구겨진 천원 속의 하루

후미진 끝 골목
간판조차 없는 인도 위

붉은 고무대야에 담긴
땀 냄새 나는 채소들
하루치 생계가
오므라졌다, 펴졌다 한다

껌 씹는 여인
단골이라며 웃다가
천원 깎아 달라며 눈 한번 흘긴다

껌값도 아끼는 마음
종종걸음에 뒤뚱거리는 발목
구겨진 천원 몇 장 들고
겨우 마수다, 퉤 퉤

이 도시
누구도 눈길 주지 않는 자리
비켜가는 햇살 속
등 굽은 허리 하나
버티고 선다

저녁별이 뜨면
오늘도 하루를 팔아
겨우 쥔 소망 한 장
앞치마 속에 숨긴다

주름 깊은 이마 사이
말라붙은 땀 자국처럼
그늘 진 얼굴 사이
웃음꽃 활짝 핀다

귀뚤이의 낡은 독백

밤은 이미 오래전에
스스로를 삼켜버린 것처럼
으슥하고 눅진하다

귀뚤이, 넋 나간 듯
세상에 없는 책을 읽고 있다
저물고 또 저문 문장들을
허공에다 더듬거리며 따라간다

가난한 이 밤
말 한마디 꺼내지 못한 채
낡은 가슴속 어디쯤에
묻어둔 울음을 끌어올린다

누군가에겐
무심히 흘러가는 소음일 테지만
저 납작 엎드린 작은 몸짓은

살아남기 위한
처절한 문장들이다

말랑말랑하게 부풀어오른 시간
침묵마저 한쪽 구석에 눕혀두고
귀뚤이의 연음(延音)은
멈출 줄 모른다

언제까지 낭송할런지
그 오래된 독백은
오늘도
밤의 골목 어귀에서
낮게, 아주 낮게
몸을 데우고 있다

귓가에 앉은 당신

그대 목소리
다시 듣고 싶어라

당신의 입김, 내 심장에
한겨울 아궁이처럼
뜨겁게 불붙고
사랑의 음성, 물결처럼
귓가에 번져 앉는다

혀끝에서 맴도는 말
입술 끝으로 내려와
이름도 부르기 전에
울컥, 목이 멘다

이참 사랑

먼 산울림을 타고
눈발처럼 흩날리는 그대의 속삭임
행복의 그림자 되어

나를 향해 걸어온다

그대의 말 한 자락
바람에 실려
귓불을 간질일 때면

내 마음 안에
가만히 당신이 앉는다

심장이 말을 배우는 순간,
당신의 울림은
내 안에서 꽃처럼 피어나

이제는
사랑이라는 이름으로
그대를 다시 부르고 싶어라

그대와 나
서로의 마음에
앉아 있는 목소리 되어
영원히, 머물고 싶어라

그대는 먼 신기루

생각이 머릿속에 가득 차오르면
눈빛은 불현듯 과거로 젖어든다

창밖의 바람 소리조차
당신 목소리인 듯 속삭이는데,
적막은 어느새 가위질하듯
기억의 단면을 잘라 들려준다

풀지 못한 매듭처럼
옛이야기 몇 줄이
가슴속에서 부스럭거리고,

설레는 오지랖을
살며시 풀어헤친 밤,
먼 별빛 하나에 홀려
이름 모를 시를 쓰고 있다

그대는
잡히지 않는 손길,
다가서면 더 멀어지는 빛,
그리움 끝에 서 있는
먼 신기루

그림자 너머 당신

그 사람은
꿈속에서도 말을 하지 않는다

당신은
가까워질수록 흐려진다

꽃이 되었다
흩어졌다

작은 눈빛으로 그대를 그린다
슬픔이
그대를 닮아간다

노을에 묻힌 저녁

빈쯤 허무러진 시간
못 견디게 쓸쓸한 시인 하나
가만히 숨죽여 앉아 있다

아무리 돌아보아도
낯선 시간은 보이지 않고
익숙한 낱말들 허공에 오래 누워 있다

아무렇게나 마음 꺼내어
가슴 위로 노을진 물결을
조용히 다독인다

낯붉힌 저녁,
생각 없이 노 저어가는
낡은 문장 하나가
어디론가 밀려간다

빈 시간의 끝자락에서
지는 해를 손끝으로
조심스레 만져본다

부끄럽게 살아 있다는 것

사는 동안
내게 실탄 몇 발 남았다

고난은 깊었지만
총구에선 화약 냄새조차 나지 않았다

내 몸 곳곳, 소름처럼 돋는 서러움
살아 있다는 것이
문득, 부끄러워지는 깊은 밤

어쩌다
매케한 화약 냄새가 스치면
막힌 가슴 한 구멍
그리하여
무언가 지나간다

4부

꽃이 말을 걸어올 때

금낭화

한 구비 넘다 보니
벌써 봄이 와 기다리고 있었다

실바람 왔다 간 밤에 등을 들고
들어와 검게 그을린 영혼들을
깨온다

고요하게 찬란하게 따스한
말 한마디 살갑게 다가오는 그 사람

저기 빛나는 태양을 보라

다소곳이 앉은 모습 새로운 꿈을
꾸며 줄 세우는 선구자처럼

 고개 숙인 임 앞에 다시 한번
목마른 내 가슴에 포근히 감싸고

자비를 구하는가

화창한 봄날에 핀 또 하나의
물음표를 남긴 채 미동도 않는다

기다림은 꽃으로 피어나다

가슴속 파고드는 바람
유령처럼 자정에 춤추고

우수 경칩 고갯마루 너머
꿈속의 동백이 그대를 찾는다
기다리는 마음이어라

바람도 잠든 언덕배기에
그대를 앉혀두고
백년을 하루처럼
살고지고

톡톡 톡
내게 퍼붓던 미소도
사라진 마음이여

피고 지는 동백꽃

자연의 숨소리

긴 세월 참고 서리 내린
세상 끝 어두운 마음에
불을 밝히며
아름다운 인연으로 살아가리다

기억의 언저리

찌푸린 뭉게구름 깔린 자리
심장소리, 지쳐 있다

지나가는 아쉬움 하나 둘
멀어질 때
추억이 곤두박질치는 것

오롯이 내 앞에 선 진실에
언제나
느낌 하나 따라붙고

혼자서 삭이고 간 자리
시간은
뜬소문처럼 흘러가고

비린내 나는 세상
내일을 향한

삼박자의
칸트의 행복론

빈자리에
짙은 먹물 한 획 그은
여백,
상형문자를 만나고 있다

작은 별 하나 너에게로

하현달을 부둥켜안고
소리 없이 노닐던 어느 밤,
별빛 가득한 하늘 아래에서

너는 너대로
나는 나대로
두 눈 꼭 감고
말없이 뛰어내렸다

주루루
빛의 꼬리를 남기며
서로 다른 고독이
한 점 빛으로 만나는 순간

그리하여
거기서 우리,
작은 별 하나 되어

밤하늘에 조용히 박혔다

새벽녘, 어스름을 타고
수줍게 손짓하는 그대
은근한 그리움처럼 다가오고

그의 등 뒤로 스친
희미한 윤곽마저
더없이 애틋하게 가슴에 남는다

어느새 내 심장 속 깊이
말없이 들어와 머문 당신,
작고 환한 별 하나
가만히 숨 쉬고 있다

재선충

앞산 소나무
잠시 쉬고 있을 즈음

하늘엔 뭉게구름
자리를 펴고 앉아 있다

도시보다 공기 좋은 산
고마운 쉼이 있어
늘 푸르게 서 있었지

골짜기 아래
개울은 실지렁이처럼 야위어
내 목마름을 자유케 한다

천년을 감기 한 번 없이
버텨온 나무도
올여름 한나절

시름시름 앓고 있다

의원에게 묻는다
"여보시오,
내 건강도 중요하지만
소나무 기침 막을 처방 좀 주시오"

안경 너머 맥 짚던 그가
조용히 말한다

"기침에는
개복숭아 씨앗이
좋은디…"

파도 위에 쓴 자서전

갯바람이 등을 밀었다
버려진 닻처럼
육지를 벗어났다

해묵은 피로가
물결처럼 일렁일 때마다
파도는 나를 눕혀
고단한 하루들을 씻어주었다

농어처럼
팔딱이는 속울음 안고
나는 거품 속에
희망 한 마리를 건져 올렸다

바다 저편,
붉은 노을이 한 자락씩 젖어 들고
그 빛 아래

오래된 문장들이
젖은 페이지 위로 펼쳐졌다

해거름,
물비늘 위에 엎드려
잠시
파도 위에 눕혀진 나를 읽었다

해운대 동백섬

입 다문 너의 얼굴 위로
바람은 잠들고
잠자던 파도는 너를 깨운다

말은 하지 않지만
너의 눈썹 아래,
잔잔한 수심이
수면처럼 퍼져 있다

바람은 어디로 가는 걸까
이른 봄,
미인을 생각하다
잠 못 든 파도가
해안을 물끄러미 핥아낸다

기다리지 않는 불청객들,
무심한 발자국 사이로
갈매기 한 마리,
울음인지 외침인지 모를 소리

허공에 상처를 그린다

그리움은 늘
파도를 할퀴고 지나가고
파도의 물살은
당신의 침묵 깊숙한 곳을 흔든다

동백꽃 향기가 어지럽게 피어
변심한 얼굴 위에
말 못할 수심을
짙은 그늘로 드리운다

동백섬은 그렇게
무심한 계절 속에서
울음을 품고 피는 섬이다
해마다, 아무 일 없다는 듯
또 다시 붉게 물드는 섬이다

허공에서 피어난 시

세상 서툰 문장 하나
허공에 던져졌을 때

가벼운 숨결처럼 맴돌다가
무게를 얻기 시작한다

언어의 뿌리를 찾지 못해
책갈피 사이로 숨어들고
지워진 밑줄 위에
부끄러움처럼 눌러앉는다

시 한 편을
두 손으로 끌어안은 채
시간의 타래박 줄을
한 올 한 올
마음속으로 감아올린다

기억과 망설임이 엉겨 붙고
말 없는 침묵이 뒤척일 때

언어의 껍질이 벗겨지고
속살을 드러내는 그 순간
허공은 숨을 들이켠다

시는 첫 울음처럼
세상을 향해 숨을 쉰다

퇴색한 꽃잎의 언어

그날의 가슴은
핑크빛 꽃잎처럼 물들었고
햇살 한 줌에도 쉽게 녹던
사랑은 그렇게
머뭇머뭇 고개를 내밀었다

입가에 번지는
아직 지워지지 않은 이름
말끝에 맺힌 그리움은
어느새 얼룩이 되어
마음 가장 깊은 곳
낡은 기억의 길목에
조용히 자리를 잡았다

시간은 조용히 퇴색되고
가을날의 빛깔은
서서히 바랜 채

어깨 위로 내려앉는다

꽃잎 위에
수없이 눌러쓴 편지처럼
사랑의 문장들을
소리 없이 지워내고 있다

말하지 못했던 수많은 순간들
스쳐간 웃음과
차마 꺼내지 못한 안부를
모두 화선지 끝자락에
남아버렸다

이젠 바람이 지나가도
꽃잎은 더 이상 물들지 않지만
여전히 퇴색한 언어 위에서
그대를 부르고 있다

언어의 파편

어둠을 자르다가 실수로
잘라버린 내 안에 절름거리는 언어들

한 음절씩 아껴 부르다가
그대의 귀를 열어 줄 때
저 손을 꼭 잡고 싶어

촛불 아래 한 눈으로
슬퍼하는 멜로디를 꺼내오면
그 사람 언어는 말라 가겠지

잊혀진 이야기 파편이 되어
그 이름을 부를 때 내 마음이
길들어지고,

조용히 스미는 침묵 속에서
부서진 시간의 틈이

내 안의 숨결을 따라 흐른다.

빛과 어둠 사이,
숨죽인 말들이 파도처럼 밀려와
내 심장 속 여백을 적시고,
그 속에서
조용히 그대 그림자를 안는다

언어가 사라지고 남은 것은
흔적 부서진 마음 서서히 일어난다

그믐에 사라진 꿈들

바람 붙잡지 못한 채
시린 관절을 끌고
자리에서 또 한 번
몸을 옮긴다

젊은 날,
한때는 반짝였던 오래된 꿈이
잠결에서 비틀거리다 깨어
두 평 남짓한 방 안
액자 속 글귀처럼
토막 난 채 벽에 기대어 있다

그믐밤처럼
한 조각씩 사라져 가는 꿈들
저 먼 길 떠난 마음은
소식 한 줄 없이
돌아오지 않는다

바람처럼 스쳐가던 순간들
허공에 혀를 물고
씁쓸한 상처만 남긴 채 오늘도
멍하니 그 빈 자리만 바라본다

기억은 점점 희미해지고
꿈들은 끝내 그믐 속으로 가라앉는다

꽃은 혼자말로 핀다

햇살과 햇살 사이,
틈으로 스미는 바람의 어깨를 타고
오래된 그림자 위를
밟으며 살아왔다

함께 걷던 시간들은
말보다 무거운 침묵으로 남아
잠시 머물다 떠난 얼굴들,
이따금 속내에 얼룩처럼
잔상을 남기곤 했다

돌처럼 식어버린 체온,
서로를 외면한 날들의 무심함은
자물쇠처럼 굳어져
풀리지 않는 말들을 가둬두었다

말이 되지 못한 마음의 언어
하나씩 손에서 놓아 보내며
천천히 꽃을 피우기 시작했다

꽃은 누구도 보지 않는 곳에서
누구도 들을 수 없는 혼잣말로
묵묵히 자신을 열고 있다

슬픔이 흘러내린 자리엔
깨달음이 송이처럼 내려앉고
그 무게마저 어깨 위로
하루가 지나, 또 하루가 핀다

새로운 눈으로 세상을 바라보는
희망이라는 낯선 씨앗을
가슴 깊이 품은, 이방인이다

누구의 응답이 없어
어떤 이름으로 불리지 않아도
내 안의 침묵으로부터
다시 피어난다

꽃잎, 시어로 날다

붓끝에 휘청이는
봄의 연정, 가슴을 허문다

파란 바람 불어오면
마음속 눈물 자국
살며시 지워간다

사월의 밑바닥에서
올챙이 하나,
얇은 종이에 역사를 써 내려간다

연한 꽃잎,
힘줄을 드러낸 채
작은 바람에도
깃발처럼 펄럭인다

소리치는 하얀 마음,

그 연약함이 안쓰럽다

허공에 뛰노는 바람,
꽃잎은 시어가 되어 날아든다

꿈틀거리는 오래된 기억

졸졸거리는 조붓한
냇가에 웃음꽃 번진다

치마폭에 숨던
새하얀 날들

맞바람 속
도란도란 피던 목소리들

사라진 발길 뒤
가슴속 어딘가
꿈틀거리는 오래된 기억

사금파리 소꿉놀이처럼
손끝에 맺힌 작은 꿈들

애타게 부르는
동전 같은 이름들
그 냄새 아직도 머문다

꽃이 언어가 되어

별들이 눈 비비며
내려와 꽃봉오리
귀에 대고 소근소근

빨간 꽃봉오리
기분 좋아 싱글빙글
하더니, 말했어요

"나에게 가까이
오지 말아요."

여기저기 살피다
눈 마주치면
따스한 햇살 가득 안고,
말했어요

"조금만 더
기다려요"

남은 향기 당신께

아웅다웅 모여 사는 세상,
버리지 못한 시련들이
코끝을 아리게 한다

피폐한 인성 곁
하얗게 내려앉은 눈꽃,
미선나무 꽃잎처럼
고운 사랑은 어디에 있을까

기다림에 그리움이
꿈틀댄다 했던가
살아갈수록 작아지는
꿈 하나
어미의 향처럼
가슴에 퍼진다

살갑지 않은 바람도

가만히 껴안고
연인처럼 녹아드는 봄,
우수수 떨어지는 꽃잎
그 위로
희망은 다시 피어난다

짧은 생
다하는 그날엔
남은 향기 당신 품에
고요히 안기고 싶다

노래 자랑

꽃 피는 여름날,
햇살도 박수처럼 퍼지는 오후
작은 숲 한가운데
꿈꾸는 무대가 펼쳐진다

무명 가수들이 모여든다
이름도 몰라줄 청춘들,
저마다 사연을 목에 걸고
예선 리허설을 시작한다

까치, 까마귀, 비둘기, 뻐꾸기,
짹짹대는 참새까지
모두가 평범한 듯 특별한
자기 이름의 음색으로
삐잇삐, 구구, 뻐꾹, 까악, 짹짹—
삶을 부르듯 발성을 연습한다

무대 뒤편,

각자의 사연은 깃털처럼 가볍고
때론 날개처럼 무겁다

가장 조용히 발성하던
뻐꾸기,
그의 목소리에는
오래된 삶의 굴곡이 담겨 있었고
그 굴곡이 바로 음악이 되었다

이름 모를 무명 가수일지 몰라도
저 깊은 음 하나에서
계절이 흔들리고, 마음이 운다

훗날
그 누구보다 진심 어린 목소리로
세상의 무대 위에 서리라
환호는 없어도,
그 노래는 오래도록 기억되리라

빛의 모서리

색과 빛의 모서리를
숨 막히게 좇는다

구도를 당기고 밀어붙이며
초점 맞출 때마다
온몸으로 막아서다

그녀의 미소는
소리 없는 폭발처럼
렌즈 안에서 태어나고

산 그림자 짙어지면
내 육신도 거기 눌어붙는다

조리개를 닫았다, 열었다
평생 반복해 온
삶의 문틈

잔등에 쌓인 어둠을 밀어내려

빛의 각도를 따라
서터에 손가락을 얹는다

목마름처럼 말라가는 숨결
햇빛에 맞춰
조여드는 조리개 속
나의 수치가
여지없이 드러난다

무너지는 육체의 그림자는
서터가 가만두지 않는다

찰칵,
그 짧은 순간
찍히는 건 피사체가 아니라
내 허상들

여전히,
나는 동굴 안이다

눈 속에 숨은 노란 마음

보름달 같은 자태로
가난한 겨울 끝자락에
가만히 피어오르는 여인 하나

부드러운 마음결로
멀리서 다가오는
아리따운 그 숨결

영롱한 노란 속내
갈증으로 목말라
솟구치듯 터오르는
수줍은 기다림

시집살이 삼 년
눈물로 적신 베개 위
홀로 남은 한 생의 꿈결

가엾어라, 여린 가슴
어이해 이다지도
저미고 애타는가

차마 다 피지 못한 마음
눈 속에
노랗게 숨는다

■□ 편집 후기

언어는 언제나 완전하지 못해
비어 있는 자리에 더 많은 의미가 숨어 있다
그 부재는 존재보다 더 강한 울림을 남긴다

나는 그 여백을 오래 응시하며 깨달았다
침묵은 결핍이 아니라, 언어가 탄생하는 모태라는 것을
지워진 말, 버려진 문장, 흔들리는 글자들이
여백을 의지해 새로운 형상으로 다시 서는 순간을 보았다

시란 결국,
말과 침묵이 서로를 가늠하며 태어나는
존재의 또 다른 증언일 것이다.
그러므로 여백은 공허가 아니라
언어를 불러내는 가장 깊은 심연이다

이 시집의 문장들은 그 심연 위에서 피어난
언어의 그림자이자,
사라짐 끝에 남겨진 존재의 흔적이다

2025. 여백의 꽃 앞에서
숙호산방에서 배제형